Me Pregunto Por Qué

Las pirámides fueron construidas

y otras preguntas sobre el Antiguo Egipto

Philip Steele

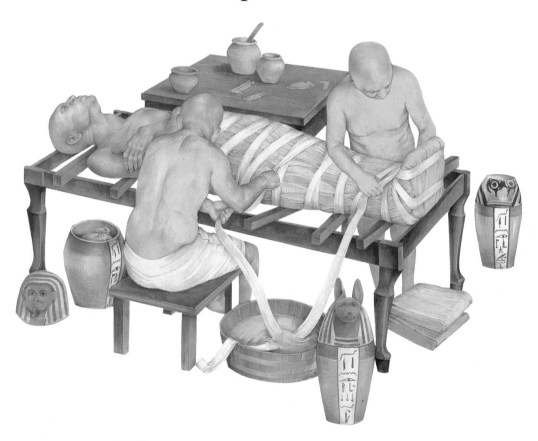

EDITORIAL EVEREST, S. A.

Madrid • León • Barcelona • Sevilla • Granada • Valencia
Zaragoza • Las Palmas de Gran Canaria • La Coruña
Palma de Mallorca • Alicante • México • Lisboa

Título original: *I Wonder Why Pyramids Were Built and Other Questions About* Ancient Egypt
Traducción: Marisa Rodríguez Pérez y Ruth Villa Pérez
Responsable de la colección: Jackie Gaff
Diseñador de la colección: David West Children's Books
Autor: Philip Steele
Asesor editorial: Department of Egyptian Antiquities, British Museum
Editores: Claire Llewellyn, Clare Oliver
Responsable artístico: Christina Fraser
Ilustraciones de cubierta: Chris Forsey, viñetas por Tony Kenyon (BL Kearley)
Diseño de cubierta: Alfredo Anievas
Ilustraciones: Peter Dennis (Linda Rogers Associates) 14-15, 24-25, 28-29; Chris Forsey 12-13; Luigi Galante (Virgil Pomfret Agency) 4-5, 16-17; Nick harris (Virgil Pomfret Agency) 18-19, 22-23; Adam Hook (Linden Artists) 8-9, 26-27, 30-31; Tony Kenyon (BL Kearley) todas las viñetas; Nicki Palin 6-7, 10-11, 20-21

PRIMERA EDICIÓN, primera reimpresión, 1997

© Larousse plc y EDITORIAL EVEREST, S. A.
Carretera León-La Coruña, km 5 - LEÓN
ISBN: 84-241-2166-X (Colección completa)
ISBN: 84-241-2171-6
Depósito legal: LE. 26-1996
Printed in Spain - Impreso en España

EDITORIAL EVERGRÁFICAS, S. L.
Carretera León-La Coruña, km 5
LEÓN (España)

CONTENIDOS

4 ¿Qué fue el Antiguo Egipto?

5 ¿Por qué fueron importantes los egipcios?

6 ¿Quién gobernaba Egipto?

7 ¿Podía una mujer convertirse en faraón?

7 ¿Cómo reconocerías a un faraón?

8 ¿Quién fue el dios cocodrilo?

9 ¿Quién fue la diosa Nut?

10 ¿Por qué los egipcios enterraban a sus momias?

11 ¿Por qué se descerebraba a las momias?

11 ¿Por qué se vendaba a las momias?

12 ¿Por qué fueron construidas las pirámides?

14 ¿A quién le gustaba cubrirse de lodo?

15 ¿Cuál era el medio de transporte más rápido?

16 ¿Por qué los egipcios preferían el tejado?

17 ¿Quién hacía pasteles de barro?

17 ¿Quién tenía pesadillas?

18 ¿Quién tenía los pies harinosos?

19 ¿Cuál es el pan más duro del mundo?

19 ¿Quién celebraba fiestas espléndidas?

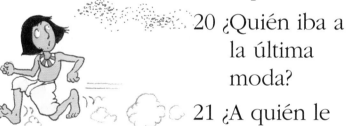

20 ¿Quién iba a la última moda?

21 ¿A quién le gustaba deslumbrar?

21 ¿Por qué se desgastaban las sandalias?

22 ¿Quién se maquillaba?

22 ¿Por qué llevaban las mujeres conos sobre sus cabezas?

23 ¿Por qué las abejas iban tras las pelucas?

24 ¿Quién jugaba con leones?

25 ¿Quién se divertía con juegos de tablero?

25 ¿Les gustaban las fiestas a los egipcios?

26 ¿Por qué al papel se le llama papel?

27 ¿Cómo era la escritura egipcia?

28 ¿Cuáles eran los animales más peligrosos?

28 ¿Existían los animales domésticos?

29 ¿Cómo llamaban los egipcios a sus gatos?

30 ¿Cómo puedes convertirte en egiptólogo?

31 ¿Para qué se hacen radiografías a las momias?

31 ¿Dónde puedes encontrar a un faraón?

32 Índice

¿Qué fue el Antiguo Egipto?

Los egipcios reciben el nombre de antiguos porque vivieron hace muchísimos años, y no porque sean muy mayores. Hace 8 000 años aproximadamente, los primeros egipcios trabajaban la tierra. En poco tiempo, Egipto se convirtió en uno de los países más poderosos del mundo.

• ¿Seremos estudiados dentro de 5 000 años? ¿Qué se pensará sobre nuestra vida?

• Los egipcios construyeron tumbas para sus reyes en la orilla oeste del río. Creían que éstos al morir, se reunirían con el dios del sol.

• Egipto es casi un desierto inerte. Los antiguos egipcios vivieron a orillas del río Nilo, donde había agua abundante para ellos y sus cultivos.

• Los antiguos egipcios no conocían las distantes partes del mundo. Pero exploraron zonas de Asia y África. Compraron oro, marfil, especias e incluso monos a los países cercanos.

¿Por qué fueron importantes los egipcios?

Los egipcios eran tan buenos con la tierra que se enriquecieron muy pronto. Construyeron templos fantásticos para sus dioses, y enormes tumbas puntiagudas, llamadas pirámides, donde enterraban a sus reyes. Tenían ejércitos, barcos y una administración central. Los sacerdotes estudiaban las estrellas y los artesanos trabajaban el oro y la plata.

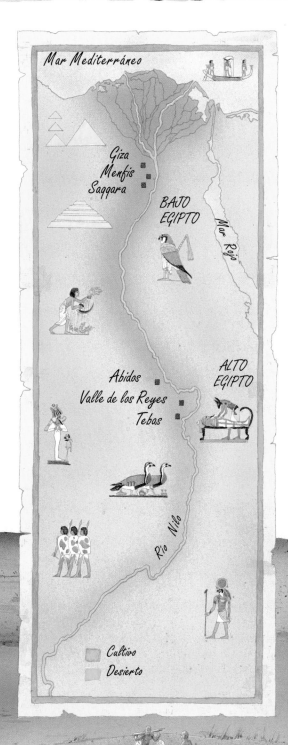

Mar Mediterráneo

Giza
Menfis
Saqqara

BAJO EGIPTO

Mar Rojo

ALTO EGIPTO

Abidos
Valle de los Reyes
Tebas

Río Nilo

Cultivo
Desierto

¿Quién gobernaba Egipto?

El rey de Egipto era el faraón. Los egipcios creían que su dios sol, Ra, fue el primer rey de Egipto y que todos los faraones descendían de él. Esto otorgaba al faraón un carácter sagrado, y ¡de mucho poder! El faraón era considerado por sus súbditos como un dios viviente.

• Los consejeros del faraón recibían el nombre de Honorables. Los más curiosos eran el Director del Vestuario Real y el Guardián de las Pelucas Reales.

¿Podía una mujer convertirse en faraón?

Aunque muy pocas mujeres gobernaron Egipto, existió una famosa faraona llamada Hatshepsut. Cuando su sobrino de seis años llegó al trono, pidieron a Hatshepsut que gobernara por él hasta que éste alcanzase la mayoría de edad. A Hatshepsut le gustó tanto gobernar que ¡no cedió el trono a su sobrino hasta que cumplió 30 años!

● La faraona Hatshepsut tenía una barba de pelo real como insignia de la realeza.

¿Cómo reconocerías a un faraón?

Por supuesto que por la corona, aunque a veces los faraones llevaban dos a la vez; una blanca representando al Alto Egipto, el sur del país, y otra roja representando al Bajo Egipto, el norte del país.

¿Quién fue el dios cocodrilo?

En figuras y pinturas antiguas se observa que la mayoría de los dioses y diosas tenían forma animal. El dios del agua, Sebek, estaba representado por un cocodrilo. Thoth tenía la cabeza de un ibis, un pájaro, mientras que Taweret tenía aspecto de hipopótamo. Osiris e Isis tuvieron más suerte; representaban a un gran rey y una gran reina.

• A los egipcios les gustaban los amuletos como los escarabajos, que eran sagrados para el dios-sol, Ra.

Thoth, dios de la escritura

Osiris, dios de la muerte

• Los antiguos egipcios adoraron a más de 2 000 dioses y diosas.

¿Quién fue la diosa Nut?

Nut era la diosa del firmamento y a menudo se la representaba cubierta de estrellas. Muchos dioses y diosas estaban emparentados. Nut estaba casada con Geb. Isis y Osiris eran sus hijos.

● Los sacerdotes trabajaban sólo media jornada. Pasaban tres meses en el templo y el resto estaban en casa.

Vuelvo pronto

● Los sacerdotes se lavaban dos veces durante el día y dos por la noche. Tenían que recibir puros y limpios a los dioses.

Taweret, diosa del nacimiento y de los bebés

Isis, esposa de Osiris

¿Por qué los egipcios enterraban a sus momias?

Una momia es un cuerpo muerto que se ha embalsamado para que se conserve durante miles de años. Los egipcios creían que los muertos viajaban a otro mundo, donde necesitarían sus cuerpos. ¡Y no querían que les faltase de nada!

• Algunas de las familias más pobres también momificaban a sus seres más queridos aunque con gran esfuerzo pues resultaba bastante caro. Sólo los ricos podían permitirse un buen embalsamiento.

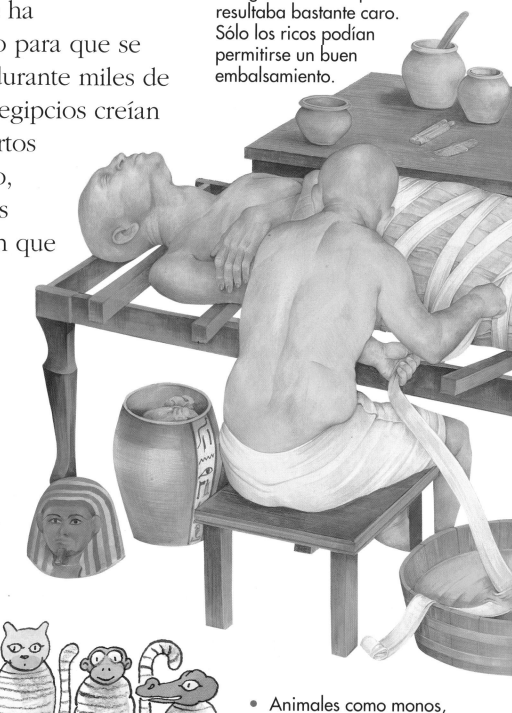

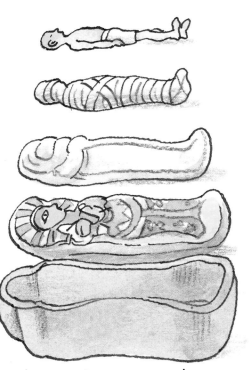

• La momia se metía dentro de un ataúd de madera que a su vez, se colocaba en un sarcófago de piedra.

• Animales como monos, cocodrilos y gatos también se momificaron.

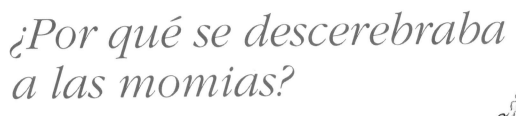

¿Por qué se descerebraba a las momias?

Los antiguos egipcios pensaban que el corazón era la parte más importante de todo el cuerpo. Para ellos el cerebro no servía para nada. Por eso, al preparar la momia, extraían el cerebro por las ventanillas de la nariz.

¿Por qué se vendaba a las momias?

Los cuerpos muertos eran vendados para que conservaran su forma. Una vez extraídas todas las vísceras, salaban el cuerpo durante 70 días con una sustancia llamada natrón. Luego le lavaban y untaban con aceites perfumados y le vendaban fuertemente.

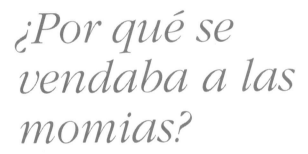

¿Por qué fueron construidas las pirámides?

Las pirámides eran tumbas enormes para los faraones y gente importante. No se sabe con exactitud porqué tenían esa forma. Se dice que se construyeron para señalar al sol y las estrellas, y para que el espíritu de la persona muerta ascendiese hacia el cielo como un cohete.

• La Gran Pirámide en Giza se construyó hace más de 4 500 años. Éste es el aspecto que tiene hoy día.

• Los faraones eran enterrados con todas sus valiosas pertenencias. Para evitar los saqueos, se construyeron laberintos y trampas mortales.

• En Giza hay pirámides más pequeñas, y unas 80 repartidas por todo Egipto. Algunas son pirámides escalonadas.

● Este es el aspecto
interior de la
Gran Pirámide de
Giza.

Cámara
real

¿A quién le gustaba cubrirse de lodo?

A los campesinos egipcios les gustaba el lodo pues tenía todo el agua y riqueza necesarias para sus cultivos. La época más importante del año era cuando el Nilo se desbordaba, cubriendo de lodo fértil todos los campos. La crecida del Nilo era vital para una buena cosecha, si no, significaba el hambre para el Antiguo Egipto.

• La tierra de cultivo en Egipto está a orillas del Nilo. Recibía el nombre de Tierra Negra por el lodo negro de las inundaciones. El desierto rocoso era la Tierra Roja.

• Los sacerdotes observaban la luna y las estrellas para configurar un calendario. De este modo sabían cuándo llegaría la crecida del Nilo y cuándo se debía plantar.

• A orillas del Nilo crecían frescas hortalizas y jugosos frutos. El trigo y la avena se guardaban en graneros.

¿Cuál era el medio de transporte más rápido?

La ruta más rápida de Egipto era el río Nilo. Los barcos estaban hechos de madera o cañas. Éste era el único medio para pasar de una orilla a otra, ¡a menos que nadaras y te gustaran los cocodrilos!

• El gran interrogante de cada año era: ¿Cuánto crecería el río? Se marcaban piedras a modo de escala para señalar la crecida de las aguas. Estas piedras recibían el nombre de nilómetros.

• Los campesinos llevaban el agua a sus cultivos por medio de canales cuando el Nilo no estaba crecido. El shaduf era un ingenioso mecanismo para sacar agua del río.

¿Por qué los egipcios preferían el tejado?

El tejado era el mejor lugar de la casa. Se estaba más fresco que en el interior, sobre todo bajo un toldo de cañas. Los egipcios solían sentarse allí para descansar y hablar o jugar a juegos de tablero.

• Los tejados egipcios eran planos. En climas húmedos, los tejados eran más puntiagudos para dejar resbalar la lluvia

• Casi todas las casas eran de ladrillos de adobe. Los bloques de piedra eran para templos, palacios y tumbas.

¿Quién hacía pasteles de barro?

Los ladrillos se hacían con el lodo del río. Los fabricantes de ladrillos pisaban el barro con sus pies desnudos hasta que se formaba una pasta. Añadían pajas y juncos para que la mezcla quedara más compacta. Posteriormente, modelaban el barro en forma de ladrillos y los dejaban secar al sol.

¿Quién tenía pesadillas?

Los egipcios debían de dormir bien aunque sus camas parecían muy incómodas. Éstas eran de madera con tiras de cuero en vez de muelles. Tampoco utilizaban mullidas almohadas de plumas si no que apoyaban la cabeza en troncos de madera.

¿Quién tenía pies harinosos?

Cuando los cocineros egipcios se disponían a hacer pan, saltaban dentro de un enorme cuenco situado en el suelo y amasaban la masa con los pies. ¡Esperemos que se los lavaran primero!

• Los pies egipcios eran también buenos para la fabricación del vino. Exprimían hasta la última gota de las jugosas uvas.

• Los egipcios cocinaban dulces deliciosos: rosquillas, bollos en forma de pirámide y pasteles ¡con forma de cocodrilo!

¿Cuál es el pan más duro del mundo?

En el interior de tumbas egipcias se han encontrado barras de pan. Pero nadie las ha probado. El pan tiene miles de años y está tan duro como una roca.

• En las tumbas se depositaban cajas de madera con fruta y otros alimentos para que las momias comieran en el Más Allá.

• Incluso reciente, el pan egipcio debe de haber sido duro, pues los dientes de muchas momias están muy desgastados.

¿Quién celebraba fiestas espléndidas?

Bueno, ¡los pobres desde luego que no! Los faraones y la clase alta celebraban grandes banquetes donde se degustaban sabrosas piezas de ternera, oca y ganso. La carne se solía asar y se servía con cebolla y ajo, además de espinacas, puerros, guisantes y alubias. ¿Y de postre? Higos y melón.

¿Quién iba a la última moda?

Egipto es un país muy cálido y antiguamente sus habitantes evitaban el calor vistiendo con la menor ropa posible. La clase trabajadora llevaba un sencillo delantal atado a la cintura. Pero los nobles, iban a la última con prendas confeccionadas con fibra de lino.

• El lino se extrae de una planta con el mismo nombre. Los egipcios confeccionaron hermosas y ligeras prendas de vestir con fibra de lino.

• ¡Los acróbatas y bailarinas sólo vestían con tiras de abalorios!

• Las mujeres vestían trajes largos con tirantes en los hombros. Los hombres llevaban faldellines que caían en pliegues. Los niños solían ir desnudos.

¿A quién le gustaba deslumbrar?

Los vestidos de lino eran casi todos blancos y los nobles añadían un toque de color llevando preciosas joyas de oro y coloridas piedras preciosas. A veces, para las ocasiones especiales, se utilizaban anchos collares de tela decorados con hojas, flores silvestres o abalorios. Las joyas de los más pobres eran conchas y collares de cobre.

• Tanto hombres como mujeres llevaban joyas.

¿Por qué se desgastaban las sandalias?

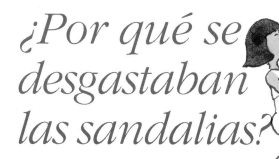

El calzado de los sirvientes estaba hecho de cañas procedentes de la orilla del río. Las sandalias no duraban mucho; sobre todo, cuando los sirvientes tenían que correr a las órdenes de sus amos.

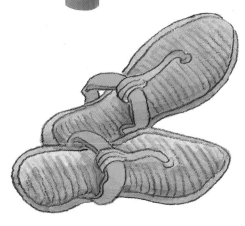

¿Quién se maquillaba?

Las mujeres nobles egipcias iban muy maquilladas. Primero se daban sombra en los ojos, luego una línea negra alrededor de ellos y finalmente se pintaban los labios y ponían colorete en sus mejillas. Después de 4 000 años, los antiguos egipcios aún conservan su atractivo, ¡en las pinturas!

¿Por qué llevaban las mujeres conos sobre sus cabezas?

Las mujeres nobles llevaban en los banquetes y celebraciones conos sobre la cabeza. ¡Estos conos eran de grasa perfumada y no de helado! A medida que los conos se derretían con el cálido aire nocturno, dejaban escapar un dulce aroma.

• A los egipcios les encantaba oler bien. Los nobles utilizaban ungüentos perfumados y siempre se rodeaban de flores olorosas.

• A los hombres les preocupaba su aspecto, así que también se maquillaban.

¿Por qué las abejas iban tras las pelucas?

Los faraones y nobles, y todo aquel que ocupara un cargo importante, llevaban peluca. Las pelucas eran de pelo real, atado en cientos de diminutas trenzas y unido con cera de abeja.

• Los egipcios cuidaban mucho su aspecto. Preparaban lociones para evitar la caída del cabello y la caspa, ¡e incluso para el acné!

• Los jóvenes llevaban la cabeza afeitada a excepción de una única trenza de pelo en la parte derecha de su cabeza.

¿Quién jugaba con leones?

¡Nadie que tuviera sentido común! Pero los niños jugaban con leones de madera y otros animales de juguete. Entre otros juguetes tenían peonzas, sonajeros y muñecas con abalorios en el pelo.

• Los niños se pasaban el día jugando a la pelota; luego se refrescaban bañándose en el río.

• Pocos egipcios sabían leer. Al finalizar el duro día de trabajo se sentaban a escuchar historias. Existen hermosos relatos sobre dioses y diosas.

¿Quién se divertía con los juegos de mesa?

- El tablero de senet se compone de 30 casillas. Es un ejemplo de la concepción del mundo que tenía el hombre egipcio.

Tutankamón se convirtió en faraón a los doce años. Le encantaba jugar a un juego de tablero llamado senet, y cuando murió, uno de estos tableros fue enterrado junto a él. Es un juego precioso, hecho de marfil blanco y de una madera negra llamada ébano.

¿Les gustaban las fiestas a los egipcios?

- Los músicos tocaban el arpa, los tambores y la pandereta. También tocaban la flauta y las campanillas.

Los egipcios pueden haber pasado mucho tiempo construyendo tumbas, pero ¡no eran nada aburridos! Disfrutaban de la música y el baile. En los banquetes solían actuar bailarinas, músicos, acróbatas y cantantes.

25

¿Por qué al papel se le llama papel?

Nuestra palabra «papel» proviene del papiro, una caña que crece junto al Nilo. Los egipcios utilizaron los filamentos de estas cañas de papiro para fabricar un tipo de papel, más grueso que el utilizado hoy día, pero igual de útil.

• El papiro era caro debido al tiempo empleado en su fabricación. Las notas rápidas se garabateaban sobre trozos de loza.

1 Los fabricantes de papel cortaban y pelaban las cañas.

3 Las machacaban hasta que los jugos pegajosos de la planta las encolaban.

4 Posteriormente se utilizaba una piedra lisa o una herramienta especial para suavizar la superficie del papiro.

2 Las cañas de papiro se cortaban en delgadas tiras y se colocaban formando capas superpuestas.

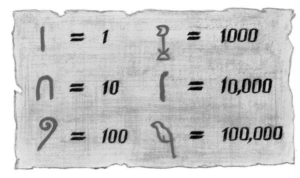

I = 1		𝍅 = 1000	
∩ = 10		𝄖 = 10,000	
𝓅 = 100		𝒽 = 100,000	

• Tenían incluso figuras para los números. ¡Sumar tuvo que ser una tarea difícil!

• Pocos niños iban a la escuela. Algunos estudiaban para ser escribas, cuyo trabajo consistía en escribir. Éstos tuvieron que aprender más de 700 jeroglíficos. ¡Deletrear tuvo que ser una pesadilla!

¿Cómo era la escritura egipcia?

5 Finalmente, todas las piezas de papiro se pegaban, formando con ellas un rollo.

Los primeros escritos egipcios fueron hileras de dibujos llamadas jeroglíficos. Cada figura representaba un objeto, una idea, o el sonido de una palabra.

• Los extremos de los juncos servían como utensilios de escritura. La tinta se fabricaba con hollín y ocre rojo.

Muchos de los jeroglíficos son bastante complicados. ¡Debió de llevar su tiempo dibujarlos!

• Este jeroglífico compone el nombre de CLEOPATRA. Intenta formar las palabras RATA o PALETA.

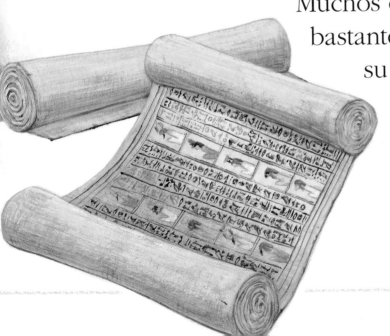

¿Cuáles eran los animales más peligrosos?

Egipto no siempre era un lugar seguro. En el desierto vivían toros salvajes y leones, mientras que los hambrientos cocodrilos surcaban el Nilo. Muchos egipcios cazaban estos animales, aunque a veces se tratase de una empresa arriesgada.

• La caza del hipopótamo también era peligrosa. Un hipopótamo enfadado podía volcar con facilidad las pequeñas barcas de los cazadores.

• Los perros eran enterrados con sus collares. ¡Listos para pasear en el Más Allá!

¿Existían los animales domésticos?

Los nobles tenían animales de compañía, igual que nosotros, y los querían de igual manera. Abundaban los perros y los gatos pero había egipcios que preferían animales más exóticos como los monos.

• Hoy día no quedan leones ni hipopótamos en Egipto. Sólo se encuentran en los países del lejano sur. Pero los antiguos egipcios todavía reconocerían pájaros como el ibis y la abubilla.

• Toda la familia salía junta a cazar patos. Se derribaba a estas aves con palos parecidos a los bumerangs, sólo que éstos no regresaban.

• Las largas plumas de la cola del avestruz eran muy apreciadas para la fabricación de abanicos que servían para refrescar a los nobles.

¿Cómo llamaban los egipcios a sus gatos?

La palabra egipcia para gato era *miw*, muy parecida a miau. Los egipcios fueron probablemente los primeros en domesticar a estos animales. Los utilizaban para cazar ratones en los graneros.

¿Cómo puedes convertirte en egiptólogo?

Los egiptólogos estudian el Antiguo Egipto. Para llegar a ser uno, tienes que aprender todo lo relativo a la historia de Egipto, y los objetos que han sobrevivido de aquella época. La mejor manera de comenzar es leyendo libros y visitando museos.

• Howard Carter llegó a Egipto en 1892 y pasó muchos años excavando yacimientos arqueológicos. En 1920 realizó su descubrimiento más famoso: la tumba del rey–niño Tutankamón.

• La momia de Tutankamón estaba protegida por varios ataúdes. El último era de oro puro.

¿Por qué se hacen radiografías a las momias?

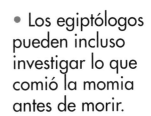

La ciencia moderna es una gran ayuda para la egiptología. Los rayos X pueden mostrar si una momia murió por enfermedad o accidente. ¡Incluso si la momia tenía dolor de muelas!

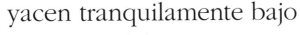

• Los egiptólogos pueden incluso investigar lo que comió la momia antes de morir.

¿Dónde puedes encontrar a un faraón?

El museo más grande de Egipto está en su capital de El Cairo. Aquí, hay momias de hace 4 000 años. Sin embargo, no todos los faraones están aquí. Algunos todavía yacen tranquilamente bajo las arenas del desierto.

Índice

A

Agricultura 4, 5, 14, 15
Alimentos 18, 19
Animal de
    compañía
    28, 29

B

Banquete 19,
    21, 22, 25
Barco 15, 28

C

Cama 17
Carter, Howard 30
Corona 7
Caza 28, 29

D

Desierto 4, 14, 28, 31
Dios 5, 6, 8, 9

E

Edificio 4, 5, 16, 17
Egiptólogo 30, 31
Escarabajo 8

F

Faraón 6, 7, 12, 19, 25,
    30, 31 ver también rey

G

Geb 9
Giza 5, 12, 13

H

Hatshepsut 7

I

Inundación
    14, 15
Isis 8, 9

J

Jeroglífico 27
Joyas 21
Juguete 24, 25

L

Lino 20
Lodo 14, 17

M

Maquillaje 22

Momia 10, 11, 19, 30, 31
Música 25

N

Nilo 4, 5, 14, 15, 26
Nut 9

O

Osiris 8, 9

P

Papel 26, 27
Papiro 26, 27
Peluca 23
Perfume 22, 23
Pirámide 5, 12, 13, 18

R

Ra 6, 8
Rayos–x 31
Rey 5, 6, 7, 8
    ver
    también
    faraón
Ropa 20, 21

S

Sacerdote
    5, 9, 14
Sandalias
    21
Sebek 8
Senet, juego de 25
Shaduf 15

T

Taweret 8, 9
Tejado 16
Thoth 8
Tumba 4, 5,
    12, 19,
    25, 30,
    31
    ver
    también
    pirámide
Tutankamón 25, 30

V

Vino 18.